Paleo-Ernährung

Ferenc Bognár
Péter Korpádi

Das Beste aus der Steinzeitküche

→ Laktosefrei → Glutenfrei
→ Zuckerfrei

EDITION XXL

Inhalt

Einleitung

Ernährung aus der Steinzeit – wie soll das gehen im Zeitalter von Smart-phones, Zeitmangel und Arbeitsdruck? Das Bild eines Steinzeitmenschen im Bärenfell, der keulenschwingend einem Mammut hinterherrennt und anschließend in seiner Höhle auf offenem Feuer sein hart erkämpftes Essen kocht, schiebt sich automatisch vor unser inneres Auge. Aber keine Angst: Bei der Paleo-Ernährung geht es zwar um das „Zurück", aber im Sinne einer Rückbesinnung auf ursprüngliche, unverarbeitete und entsprechend gesunde Lebensmittel. Wir müssen also nicht um unseren Lebensstandard fürchten, sondern dürfen uns im Gegenteil darauf freuen, mittels einer „art-gerechten" Ernährung wieder mehr Vitalität und Lebensfreude zu erlangen.

Wie das geht und was dabei zu beachten ist, erfahren Sie auf den nächsten Seiten. Im Rezeptteil finden Sie zahlreiche Rezepte, die durchaus alltagstauglich sind: Die meisten Zutaten sind problemlos zu beschaffen und die Zubereitung ist nicht viel aufwendiger als bei herkömmlichen Mahlzeiten. Menschen mit Allergien und Lebensmittelunverträglich-keiten profitieren ganz besonders von der steinzeitlichen Ernährungsweise, denn alle Rezepte sind laktose-, gluten- und zucker-frei. Probieren Sie es einfach mal aus und wandeln Sie auf den kulinarischen Spuren Ihrer Vorfahren!

Was bedeutet Paleo?

Der Begriff Paleo ist eine Abkürzung von Paläolithikum – die Altsteinzeit. Das Konzept der Paleo-Ernährung geht davon aus, dass die Grundlagen unseres Verdauungssystems vor Zehntausenden Jahren gelegt wurden. Dieses System, ebenso wie unser gesamter Organismus, hat bisher keine wesentlichen Veränderungen erfahren. Deshalb scheint auch das Essen unserer Vorfahren heute noch das für unseren Körper geeignetste zu sein. Diese Annahme wurde in den letzten Jahren durch entsprechende Untersuchungen untermauert.

Die Menschen in der Steinzeit waren Jäger und Sammler. Demzufolge bestand ihre Ernährung aus Fleisch, Fisch, Früchten, Kräutern und Nüssen und zwar über einen sehr langen Zeitraum hinweg. Damals gab es weder Getreide noch Milchprodukte. Beides kam erst sehr viel später auf den Speiseplan: Als die Menschen sesshaft wurden und anfingen, Ackerbau und Viehzucht zu betreiben. Mit der industriellen Revolution entstand später eine völlig andere Esskultur, die von industriell gefertigten und weiterverarbeiteten Lebensmitteln geprägt wurde – und bis heute anhält. Diese Entwicklung war die Ursache für das Aufkommen der sogenannten Zivilisationskrankheiten, wie Diabetes, Bluthochdruck oder Fettleibigkeit.

Wie wirkt Paleo?

Das Ziel dieser Ernährungsform ist es, abzunehmen, ohne zu hungern, den Zivilisationserkrankungen vorzubeugen und körperlich fit zu werden. Um dies zu erreichen, gilt es, Lebensmittel, die unserem Organismus schaden, zu meiden, nur gesundes Essen zu sich zu nehmen und für ausreichende Bewegung zu sorgen. Das Prinzip der Paleo-Ernährung umfasst dementsprechend erlaubte und verbotene Lebensmittel.

Die erlaubten setzen sich aus allem zusammen, was unsere Vorfahren bereits in der Steinzeit vorfanden. Viele dieser Lebensmittel haben sich im Laufe der Zeit verändert: Ein urzeitlicher Apfel war wohl eher holzig als saftigsüß und eine Avocado bestand zu einem Großteil aus Kern und das Fruchtfleisch saß als dünne Schicht unter der Schale. Dennoch sind sie von Struktur und Nährwert her auch heute noch für unser Verdauungssystem am besten geeignet. Die verbotenen Lebensmittel umfassen all jene Produkte, die es zur Zeit unserer Urahnen noch nicht gab, wie z. B. Getreide, Milch oder Zucker. Unser Körper kann diese nicht gut verarbeiten und als Folge können Entzündungen, Unverträglichkeiten oder sogar Krankheiten entstehen.

Welche Lebensmittel sind erlaubt?

Generell sollten Lebensmittel möglichst in Bio-Qualität gekauft werden. So stellen Sie sicher, dass sie keine schädlichen Zusatz- oder Konservierungsstoffe enthalten.

➤➤➤ **Gemüse und Kräuter:** Sie haben einen hohen Nährstoffgehalt und sind ballaststoffreich, was sich positiv auf die Darmflora und somit auf das Immunsystem auswirkt.

➤➤➤ **Früchte und Beeren:** Sie strotzen vor Vitaminen und gesundheitsfördernden Antioxidantien. Allerdings gibt es viele Obstsorten, die einen hohen Anteil an Fruchtzucker enthalten und deshalb nicht in großen Mengen genossen werden sollten.

➤➤➤ **Fleisch:** Einerseits steht Fleisch unter dem Verdacht, das schädliche Cholesterin zu steigern, andererseits ist es eine wichtige Quelle für Eiweiß, Vitamin B_{12} und wertvolle Omega-3-Fettsäuren. Fleisch sollte deshalb nicht in großen Mengen genossen werden und nur aus artgerechter Aufzucht stammen.

➤➤➤ **Fisch:** Er enthält wertvolles Eiweiß und Omega-3-Fettsäuren, die sich positiv auf Herz und Blutdruck auswirken.

➤➤➤ **Nüsse und Samen:** Obwohl sie sehr gesund sind, sollten sie nur in Maßen genossen werden, da sie auch schädliche Stoffe, wie Phytinsäure, enthalten. Besonders empfehlenswert sind Macadamia-Nüsse, die wenig Phytinsäure enthalten. Achtung: Erdnüsse sind nicht Paleo-konform, da sie botanisch zu den – nicht erlaubten – Hülsenfrüchten gehören.

➤➤➤ **Eier:** Sie liefern wertvolle Nährstoffe und Vitamine sowie Eiweiß, das für den Körper gut verwertbar ist. Eier sollten nur aus Freilandhaltung stammen.

Welche Lebensmittel sind verboten?

Allgemein sollten industriell verarbeitete Lebensmittel sowie solche mit Zusatz-, Farb- oder Konservierungsstoffen unbedingt gemieden werden, da sie den Organismus negativ beeinflussen.

➤➤➤ **Getreide:** Getreidesorten wie Weizen, Roggen, Hafer oder auch Reis werden „erst" seit ca. 10 000 Jahren angebaut. Da der Mensch zuvor über Hunderttausende von Jahren diese nicht zu seiner Nahrung zählte, ist das Verdauungssystem nicht dafür angelegt, Getreide zu verarbeiten. Dazu kommt, dass sich die Getreidesorten im Laufe der Zeit stark verändert haben, bis hin zu genetischen Manipulationen. Außerdem enthält Getreide viele Kohlenhydrate, die den Blutzuckerspiegel erhöhen und somit Diabetes und Fettleibigkeit fördern können. Gluten, ein weiterer Bestandteil von Getreide, ist für viele Menschen unverträglich und kann bleibende Schäden im Darmtrakt bewirken.

Milchprodukte: Auch Milch steht, wie Getreide, erst seit relativ kurzer Zeit auf dem Speiseplan des Menschen. Viele Menschen haben kein Enzym, um den Milchzucker, die Laktose, zu verdauen und reagieren darauf mit Unverträglichkeiten. Dies gilt auch für Casein, das in Milch enthaltene Eiweiß.

Hülsenfrüchte: Sie gelten als wenig nützlich, da sie zwar Protein enthalten, dieses aber für den menschlichen Organismus nicht gut verwertet werden kann. Außerdem sind sie schwer verdaulich.

Zucker: Zu hoher Zuckerkonsum kann zu einem erhöhten Insulinspiegel und demzufolge zu Diabetes führen. Deshalb sollte Zucker so weit wie möglich gemieden werden – ein völliger Verzicht ist schwierig, da auch Obst Zucker in Form von Fruchtzucker enthält.

Ersatzprodukte

Für Lebensmittel, die nicht Paleo-konform sind, gibt es häufig Ersatzprodukte. Die folgenden Produkte benötigen Sie für die Zubereitung einiger der Paleo-Gerichte im Rezeptteil. Es ist empfehlenswert, sich einen kleinen Vorrat davon zuzulegen.

Ahornsirup, **Erythrit**, **Honig**, **Kokosblütenzucker** und **Xylit** sind geeignete Zuckeraustauschstoffe, die allerdings auch nur sehr sparsam eingesetzt werden sollten.

Flohsamenschalen sind die Samenschalen einer indischen Wegerichpflanze. Sie liefern wertvolle glutenfreie Ballaststoffe und senken den Cholesterinspiegel. Man mischt sie ins Müsli oder verwendet sie für Backwaren.

Gekochte Eiweißstangen sind ein Ersatzprodukt für Schmand oder Crême fraîche. Sie eignen sich zur Herstellung von sämigen Soßen und Cremes. Allerdings sind sie auch im Fachhandel oder im Internet nur schwer erhältlich. Sie können stattdessen auch einfach hart gekochte Eier verarbeiten.

Kokosmilch ist eine gute Alternative für Milchprodukte und schmeckt in Currys, im Müsli oder in Smoothies.

Pfeilwurzelmehl ist ein Stärkemehl zum Andicken von Soßen, Suppen oder Pudding. Es wird aus den Wurzeln verschiedener Pfeilwurzgewächse gewonnen und ist auch unter dem Namen Arrowroot bekannt.

Sesam-, **Leinsamen-**, **Kastanien-** und **Mandelmehl** wird als Alternative für Getreide zum Backen von Paleo-Brot verwendet.

Sojasoßen-Ersatz ist eine soja-freie Würzsoße aus fermentiertem Kokosblütennektar, die man im Fachhandel oder über das Internet beziehen kann. Sojabohnen sind in der Paleo-Ernährung unerwünscht, da sie hormonähnliche Phytoöstrogene enthalten, die den Hormonhaushalt des Körpers beeinflussen können.

Tapiokamehl ist ein Stärkemehl zum Binden von Suppen und Soßen, das aus der Wurzelknolle des Manioks gewonnen wird.

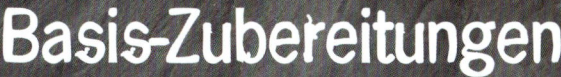

Tatarensoße ←←

Zutaten:
1 Eigelb, etwas Zitronensaft, 150 ml Olivenöl, 1 geschälte, zerdrückte Knoblauchzehe,
1 TL fein gehackte Kapern, 1 in Würfel
geschnittene Gewürzgurke, 1 fein gehackte
Schalotte, etwas fein gehackte Petersilie,
Himalaya-Salz, Pfeffer

Zubereitung:
1. Das Eigelb und den Zitronensaft in ein
   hohes, sauberes Rührgefäß geben und
   alles langsam mit dem elektrischen
   Handrührer verrühren.

2. Unter ständigem Rühren das Öl langsam
   einfließen lassen und solange weiterrüh-
   ren, bis die Masse eindickt.

3. Den Knoblauch, die Kapern, die Gewürzgurke, die Schalotte und die Petersilie
   unter die Mayonnaise rühren und alles
   mit Salz und Pfeffer abschmecken.

Paleo-Quark (Totu) ←←

Zutaten:
5 EL Zitronensaft, 1 TL Himalaya-Salz, 5 Eiweiß

Zubereitung:
1. Den Zitronensaft und das Salz mit 1 Liter
   Wasser zum Kochen bringen.

2. Die Eiweiße in das kochende Wasser geben. Unter Rühren aufkochen und weite-
   re 3–4 Minuten kochen lassen.

3. Die Mischung abseihen und gut abtropfen
   lassen. Im Sieb verbleibt der gebrauchs-
   fertige Paleo-Quark.

Gemüsebrühe ←←

Zutaten:
1 Bund Suppengrün (Möhren,
Porree, Sellerie, Petersilienwurzel),
1 Zwiebel, 1 Knoblauchzehe,
einige Zweige Thymian, Himalaya-
Salz

Zubereitung:
1. Das Gemüse putzen, schälen und in grobe Stücke
   schneiden. Die Zwiebel und den Knoblauch ab-
   ziehen und ebenfalls in Stücke schneiden.

2. Zusammen mit dem Thymian in 1,5 Liter Wasser
   geben und ca. eine Stunde köcheln lassen.

3. Das Gemüse absieben und die Brühe nach Be-
   lieben weiterverwenden.

Brot-
rezepte

Glutenfreies Brot aus Samen, Kernen und Mandeln

Der Verzicht auf Getreide und Brot fällt vielen besonders schwer – vor allem zum Frühstück. Eine vollwertige und leckere Alternative ist das Paleo-Brot. Genießen Sie ab und zu eine Scheibe davon, z.B. mit einem köstlichen Avocado-Aufstrich, und Sie werden nichts vermissen!

Paleobrot mit Mandelmehl

Zutaten für
4 Personen:

1 EL Flohsamenschalen
7 EL Kornmehl-Mix
100 g Mandelmehl
1 TL Himalaya-Salz
5 Eier
1 geschälte Knoblauchzehe
1 Messerspitze Speisesoda
einige Sesamsamen

1. Die Flohsamenschalen in eine Schüssel geben.

2. 10 ml Wasser über die Flohsamenschalen gießen.

3. Wenn das Wasser aufgesaugt ist, mit dem Kornmehl-Mix, dem Mandelmehl, …

4. … dem Salz, dem Soda und den …

5. … Eiern gründlich verrühren. Die Knoblauchzehe hineinreiben.

6. Die Masse in eine mit Backpapier ausgelegte Backform füllen. Auf die Oberfläche Sesamsamen streuen und im Backofen bei 200 °C (Umluft 180 °C) ca. 35 Minuten backen.

Paleobrot aus unterschiedlichen Kernen

Zutaten für 4 Personen:

200 g Leinsamenmehl
50 g gemahlene Sesamsamen
1 TL Speisesoda
100 g gemahlene Mandeln
Himalaya-Salz
100 g Kürbiskerne
4 Eier
2 EL geschmolzenes Kokosfett

1. Das Leinsamenmehl mit den gemahlenen Sesamsamen, …

2. … dem Speisesoda, …

3. … den gemahlenen Mandeln, …

4. … dem Salz und der Hälfte der Kürbiskerne vermischen.

5. In einer weiteren Schüssel die Eier mit dem geschmolzenen Kokosfett verquirlen.

6. Die Eiermischung und 10 ml Wasser zu den gemahlenen Produkten hinzufügen …

7. … und alles gründlich verrühren.

8. Eine längliche Form einfetten und die Teigmasse hineingeben. Die restlichen Kürbiskerne darüberstreuen, im vorgeheizten Ofen bei 180 °C (Umluft 160 °C) ca. 40 Minuten backen.

Paleobrot

mit Wurst

1 EL Flohsamenschalen
7 EL Kornmehl-Mix
100 g Mandelmehl
1 geschälte, geriebene
    Knoblauchzehe
1 Msp. Speisesoda
1 TL Himalaya-Salz
5 Eier
einige Sesamsamen
1 Handvoll Wurst und
    Speck, in Ringe und
    Streifen geschnitten

1. 10 ml Wasser über die Flohsamenschalen gießen und warten, bis das Wasser aufgesaugt ist.

2. In einer weiteren Schüssel den Kornmehl-Mix mit …

3. … dem Mandelmehl, der geriebenen Knoblauchzehe, …

4. … dem Speisesoda und dem Salz vermischen.

5. Die Flohsamenschalenmasse auf die Mehlmischung schütten und …

6. … mit den Eiern gut verrühren.

7. Die Masse in eine mit Backpapier ausgelegte Backform füllen.

14

8. Auf die Oberfläche Sesamsamen streuen.

9. Die in Scheiben geschnittene Wurst …

10. … und die Speckstreifen darauflegen. Bei 200 °C (Umluft 180 °C) ca. 35 Minuten backen.

1. Die Avocados halbieren, … **2.** … schälen und …

Avocado- Brotaufstrich

3. … das Fruchtfleisch in Würfel schneiden.

4. Den Senf, …

Zutaten für 4 Personen:

2 reife Avocados
1 TL grobkörnigen Senf
1 geschälte, zerdrückte
  Knoblauchzehe
1 EL Zitronensaft
1–2 EL Olivenöl
Himalaya-Salz
Pfeffer

5. … den Knoblauch und …

6. … den Zitronensaft dazugeben.

7. Das Olivenöl angießen.

8. Mit einer Gabel zerdrücken und gut vermischen. Mit Salz und Pfeffer abschmecken.

Tipp

Eine leckere Variante erhalten Sie, wenn Sie 2–3 kleine Cocktailtomaten klein würfeln und unter die Avocadocreme heben.

Vorspeisen und Beilagen

Mehr Power mit Suppe und Salat

Ob Sie ein magenwärmendes Süppchen, wie die Hühnersuppe mit Ingwer, oder einen knackigen Salat, z.B. aus Apfel, Sellerie und Rucola, bevorzugen: Die kleinen Gaumenfreuden in diesem Kapitel machen auch als eigenständige Mahlzeit eine gute Figur!

Brokkoli-Cremesuppe

mit gerösteten Cashewnüssen

1. Das Öl erhitzen und die Zwiebel darin andünsten. Den Knoblauch und den Brokkoli dazugeben.

2. Nach einigen Minuten mit 1 Liter Wasser auffüllen.

3. Dann mit Salz ….

4. … und Pfeffer würzen und das Gemüse weich kochen.

5. Mit einem Stabmixer pürieren, …

6. … die Kokosmilch dazugießen und umrühren.

Zutaten für 4 Personen:

1 EL Olivenöl
1 geschälte Zwiebel, fein gehackt
3 Knoblauchzehen, in Scheiben geschnitten
600 g Brokkoli, in Röschen zerteilt
Himalaya-Salz
Pfeffer
10 ml Kokosmilch

Zum Servieren:
50 g geröstete Cashewnüsse
1 Chilischote

Zum Servieren …

… mit den gerösteten Cashewnüssen und dem klein geschnittenen Chili bestreuen.

Zwiebelsuppe mit Thymian

Zutaten für 4 Personen:

3 große Zwiebeln
4 EL Kokosöl
Himalaya-Salz
Pfeffer
1 EL Leinsamenmehl
1 Zweig Thymian
2 Lorbeerblätter
200 ml selbst gemachte
   Gemüsebrühe (Rezept S. 7)
3 Eigelb

1. Die Zwiebeln klein schneiden und im erhitzten Kokosöl glasig dünsten.

2. Mit Salz und Pfeffer würzen.

3. Das Leinsamenmehl über die gedünsteten Zwiebeln streuen.

4. Den Thymian und die Lorbeerblätter hinzufügen.

5. Die Gemüsebrühe dazugießen.

6. Die Eigelbe verquirlen und langsam in die Suppe rühren, bis sie andickt.

Hühnersuppe
mit Ingwer

Zutaten für
4 Personen:

je 2 Hühnerschenkel und -flügel
1 Hühnerleber
50 g Pilze
Saft einer halben Zitrone
2 cm frischer Ingwer
1 Knoblauchzehe
1 kleine, halbierte Zwiebel
2 längs geviertelte Möhren
1 kleine Petersilienwurzel
½ klein geschnittener
　Knollensellerie
etwas Petersilie
Pfefferkörner
Himalaya-Salz

1. Die Hühnerteile und die Leber in 1,5 Liter Wasser aufkochen.

2. Den dabei entstehenden Schaum abschöpfen. Auf kleine Flamme stellen.

3. Das geputzte und geschnittene Gemüse, den Zitronensaft und die Petersilie dazugeben.

4. Mit Pfeffer und Salz würzen und das Ganze langsam weich kochen lassen.

Möhrensalat
mit Honig

Zutaten für 4 Personen:

500 g Möhren
3 EL Honig
100 g eingeweichte Rosinen
30 g geröstete Sonnen-
   blumenkerne
1 unbehandelte Limette
1 Bund Petersilie

1. Die Möhren in feine Streifen hobeln und den Honig darübergießen.

2. Die Rosinen und die Sonnenblumenkerne dazugeben.

3. Die Schale der Limette ab-reiben, den Saft auspressen und beides dazugeben.

4. Die Petersilienblätter fein hacken, darüber streuen und …

5. … das Ganze gut ver-mischen.

1. Für das Dressing das Olivenöl mit dem Xylit, …

2. … dem Currypulver …

Apfel-Sellerie-Salat
mit Rucola

3. … und der fein gehackten Petersilie vermischen.

4. Mit Salz, …

5. … Pfeffer und …

6. … dem Zitronensaft würzen …

7. … und anschließend das Dressing gut verrühren.

8. Den Rucola, die Äpfel und den Sellerie in eine Schüssel geben und mit dem Dressing vermischen.

Zutaten für
4 Personen:

Für das Dressing:
10 ml Olivenöl
2 TL Xylit
½ TL Currypulver
1 Bund Petersilie
Himalaya-Salz
Pfeffer
Saft einer halben Zitrone

Für den Salat:
eine Handvoll Rucola
2 Äpfel, entkernt und in dünne Scheiben geschnitten
2 Staudensellerie, dünn geschnitten

Tipp

Anstatt Xylit können Sie auch Honig oder Ahornsirup verwenden.

Rote-Bete-Salat
mit Nüssen

Zutaten für
4 Personen:

2 EL Kokosfett
100 g klein gewürfelter Speck
1 fein gehackte Zwiebel
200 g in dünne Streifen
   geschnittene Rote Bete
Himalaya-Salz
Pfeffer
1 EL frischer, fein gehackter
   Oregano
15 ml trockener Rotwein
300 g grob gemahlene
   Walnüsse

Zum Servieren:
30 g gehobelter
   Parmesan

1. Das Kokosfett erhitzen und den Speck darin anbraten.

2. Die Zwiebel dazugeben und anbraten.

3. Die Rote Bete dazugeben und dünsten, …

4. … mit Salz und Pfeffer abschmecken und mit Oregano würzen.

5. Den Wein angießen und die Nüsse dazugeben. Alles leicht umrühren. Zum Servieren mit Parmesan bestreuen.

1. Den Fenchel in Streifen schneiden, in eine Schüssel geben und mit Salz, Pfeffer und Zitronensaft würzen.

Zutaten für
— 4 Personen:

1 mittelgroße Fenchelknolle
Himalaya-Salz
Pfeffer
Saft und abgeriebene Schale
    einer unbehandelten Zitrone
2 große Blutorangen
1 kleine rote Zwiebel
10 Minzblätter
2 EL natives Olivenöl
¼ Tasse Haselnüsse oder
    Walnüsse

2. Die Blutorangen schälen, das Fruchtfleisch in Würfel schneiden.

3. Die Blutorangen und die geschnittene rote Zwiebel zum Fenchel geben.

4. Die Minzblätter und das Olivenöl dazugeben.

5. Die Nüsse ohne Fett rösten. Nach dem Abkühlen grob hacken und zum Salat geben. Alles mit Zitronenschale bestreuen.

Avocadosalat
mit Erdbeeren

Zutaten für 4 Personen:

400 g Erdbeeren
3 Avocados
3 EL Honig
2 EL Balsamicoessig
3 EL natives Olivenöl
1 rote Zwiebel
einige Basilikumblätter
Himalaya-Salz
frisch gemahlener Pfeffer

1. Die Erdbeeren putzen und vierteln. Die Avocados halbieren und entkernen.

2. Die Avocados in Würfel und die rote Zwiebel in halbe Ringe schneiden. Zusammen mit den Erdbeeren in eine Schüssel geben.

3. In einer anderen Schüssel den Honig, den Balsamicoessig und das Olivenöl verrühren.

4. Mit Salz und Pfeffer würzen …

5. … und gut vermischen. Das Dressing über den Salat geben und mit Basilikumblättern garnieren.

1. Für das Dressing die Tatarensoße, die Frühlingszwiebeln, …

2. … die Nüsse, den Zitronensaft und …

Vitaminsalat
mit Wachteleiern

3. … den Pfeffer …

4. … gut vermischen.

5. Die Möhren schälen und in Streifen hobeln.

6. Die Kerne des Granatapfels herausnehmen.

7. Den Apfel in dünne Scheiben schneiden.

8. Die Wachteleier schälen, halbieren und mit den anderen Zutaten und dem Dressing vermischen.

Zutaten für 4 Personen:

Für das Dressing:
20 ml Tataren-Soße
   (Rezept S. 7)
3 in Scheiben geschnittene
   Frühlingszwiebeln
50 g grob gehackte
   Macadamianüsse
Saft einer halben Zitrone
Pfeffer

Für den Salat:
2 Möhren
1 Granatapfel
1 Apfel
6 gekochte Wachteleier

Tipp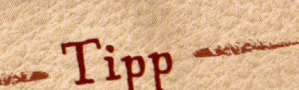

Sie können den Salat anstatt mit Wachteleiern auch mit Hühnereiern zubereiten.

Thunfischcreme
mit Paprika

Zutaten für
4 Personen:

200 g Thunfisch aus der Dose
2 in Würfel geschnittene,
   gekochte Eier
1 klein geschnittene, rote
   Zwiebel
einige fein geschnittene
   Sellerieblätter
1 TL rotes Paprikapulver
1 fein geschnittene, rote
   Paprika
2–3 EL Zitronensaft
Pfeffer

1. Den abgetropften Thunfisch mit einer Gabel etwas zerrupfen.

2. Mit den Eierwürfeln …

3. … der klein geschnittenen roten Zwiebel und …

4. … den Sellerieblättern vermischen.

5. Mit Paprikapulver bestreuen.

6. Die fein geschnittene Paprika dazugeben und …

7. … mit Zitronensaft abschmecken.

8. Mit Pfeffer würzen und das Ganze gut vermischen.

Haupt-speisen

Sättigende Gerichte mit Fleisch, Fisch und Gemüse

Aufgrund seines hohen Nährstoff- und Eiweißgehaltes ist Fleisch ein wesentlicher Bestandteil der Paleo-Ernährung. Mit asiatischer Hähnchenpfanne, Rindfleischragout mit Curry oder Lachs mit Birne und Rotkohl können Sie auch Ihre Gäste verwöhnen!

1. Die fein gehackte Zwiebel im Kokosfett andünsten.

2. Das Hackfleisch dazugeben.

3. Die Sonnenblumenkerne hinzufügen.

Gefüllte Paprika mit Hackfleisch und Basilikum

4. Den Basilikum fein hacken und dazugeben.

5. Die Tomate in Würfel schneiden und …

6. … mit dem Ei dazugeben. Mit Salz und Pfeffer würzen, umrühren und etwas anbraten.

7. Die Paprikaschoten halbieren, den Stiel nicht entfernen. Die Kerne und die Innenhäute entfernen.

8. Die Fleischmasse in die Paprika füllen.

9. In eine feuerfeste Form legen und bei 200 °C (180 °C Umluft) ca. 35 Minuten backen.

Zutaten für 4 Personen:

1 fein gehackte Zwiebel
1 EL Kokosfett
500 g Hackfleisch
1 EL Sonnenblumenkerne
1 Bund Basilikum
1 Tomate
1 Ei
2 große Paprika
Himalaya-Salz
Pfeffer
4 TL geriebener Parmesan

Zum Servieren …

… frisch geriebenen Parmesan und Basilikumblätter darüberstreuen.

Gedünstete Zucchini mit pochiertem Ei

Zutaten für 4 Personen:

2 in Streifen geschnittene
  Zucchini
2 EL Olivenöl
Himalaya-Salz
Pfeffer
1 TL Oregano
4 Scheiben Paleobrot
  (Rezept S. 10)
4 Eier
1 TL Essig
1 in Streifen geschnittene
  rote Paprika
4 gebratene Speckstreifen

1. Die Zucchini in das erhitzte Öl geben.

2. Mit Salz, Pfeffer …

3. … und Oregano würzen, danach einige Minuten dünsten.

4. Die Brotscheiben in einer Pfanne mit wenig Öl auf beiden Seiten anbraten.

5. Für die pochierten Eier genügend Wasser mit Essig und Salz aufkochen.

6. Die Eier aufschlagen und einzeln behutsam ins Wasser gleiten lassen. 3–5 Minuten kochen, bis das Eiweiß gerinnt, dann herausnehmen.

7. Die gebratenen Brotscheiben auf einen Teller legen. Die gedünsteten Zucchini darauf verteilen. Die pochierten Eier aufschneiden und darüberlegen. Zum Schluss das Ganze mit den Paprikastreifen und einem gebratenen Speckstreifen krönen.

Hühnerbrustfilet
auf Roter Bete

Zutaten für
4 Personen:

4 Hühnerbrustfilets
3 EL Olivenöl
Himalaya-Salz
Pfeffer
1 in Streifen geschnittene
 Rote Bete
Saft einer halben Zitrone
½ TL gemahlener Zimt
1 EL Honig
1 EL Kokosöl

1. Die Hühnerbrustfilets im heißen Öl anbraten.

2. Mit Salz und Pfeffer würzen …

3. … und von beiden Seiten braten.

4. Die Rote Bete mit Salz, Pfeffer, Zitronensaft, Zimt, Honig …

5. … und Kokosöl vermischen. Die Hühnerbrustfilets in Scheiben schneiden und auf dem Rote-Bete-Salat servieren.

Welsfilet
mit Ratatouille

Zutaten für 4 Personen:

1 klein gehackte Zwiebel
1 klein gehackte Knoblauchzehe
4 EL Kokosöl
2 in Scheiben geschnittene Zucchini
200 g halbierte Kirschtomaten
1 in kleine Ringe geschnittene Chilischote
1 EL Oregano
Himalaya-Salz, Pfeffer
4 Welsfilets

Zum Servieren:
einige Zitronenviertel

1. Die Zwiebel und den Knoblauch in 2 EL Kokosöl andünsten.

2. Die Zucchini, die Tomaten und die Chilischote dazugeben.

3. Mit Oregano, Salz und Pfeffer würzen und scharf anbraten.

4. Den Fisch salzen, pfeffern und …

5. … im restlichen Kokosöl goldbraun braten. Die Zitronenviertel dazu servieren.

1. Die Hühnerbrustfilets im erhitzten Kokosöl anbraten.

Asiatische Hähnchenpfanne süß-sauer

2. Mit Salz und …

3. … Pfeffer würzen.

4. Die Zwiebel, …

5. … die Möhren, den Knollensellerie und die Paprika dazugeben.

6. Die Ananaswürfel dazugeben.

7. Den Tomatensaft angießen und alles knackig dünsten.

Zutaten für 4 Personen:

600 g klein geschnittenes Hühnerbrustfilet
2 EL Kokosöl
Himalaya-Salz
Pfeffer
1 klein gehackte Zwiebel
2 in Streifen geschnittene Möhren
1 kleiner in Streifen geschnittener Knollensellerie
je 1 grüne und rote in Streifen geschnittene Paprikaschote
1 in Würfel geschnittene Ananas
20 ml Tomatensaft ohne Zucker

Rindfleischragout
mit Curry

Zutaten für
4 Personen:

600 g in Streifen geschnittenes Rindfleisch
2 EL Olivenöl
Himalaya-Salz
Pfeffer
1 grob gehackte Zwiebel
2 in Streifen geschnittene,
rote Paprika
Currypulver
2 EL Sojasoßen-Ersatz
10 ml Kokosmilch

1. Das Fleisch in ein wenig Öl anbraten, mit Salz …

2. … und Pfeffer würzen.

3. Die Zwiebel und die Paprika zum Fleisch geben.

4. Mit Currypulver würzen.

5. Den Sojasoßen-Ersatz, …

6. … die Kokosmilch sowie 10 ml Wasser dazuge-ben und alles garen.

Zum Servieren ...

... mit frischen Korianderblättern dekorieren.

Schaschlik

1. Das Hühnerbrustfilet, die Schweine-medaillons, die Pilze, den Porree, das Dörrfleisch und den Speck abwech-selnd auf Spieße stecken.

Zutaten für
4 Personen:

300 g in Würfel geschnittenes
   Hühnerbrustfilet
300 g in Würfel geschnittene
   Schweinemedaillons
300 g Pilze
1 in Ringe geschnittener Porree
200 g klein geschnittenes Dörrfleisch
200 g klein geschnittener Speck
Rosmarin
Oregano
Himalaya-Salz
Pfeffer

2. Die Spieße in eine feuer-feste Form legen und mit Rosmarin und …

3. … Oregano würzen.

4. Salzen, …

5. … pfeffern und im Ofen braten.

Hähnchenfilets
mit Ingwer und Ei

Zutaten für
4 Personen:

1 grob gehackte Zwiebel
2 EL Kokosöl
1 TL gehackter Ingwer
600 g in Streifen geschnittenes Hähnchenfilet
2 in Ringe geschnittene, grüne Paprika
Himalaya-Salz
100 g getrocknete Pflaumen
100 g halbierte Kirschtomaten
3–4 Eier

1. Die Zwiebel im Kokosöl andünsten und den Ingwer dazugeben.

2. Das Fleisch und die Paprika dazugeben und solange braten, bis das Fleisch gar ist. Dann salzen.

3. Die getrockneten Pflaumen und …

4. … die halbierten Tomaten dazugeben und kurz garen lassen.

5. Das Ganze in eine Auflaufform füllen, die Eier darübergeben und im vorgeheizten Ofen bei 200 °C (Umluft 180 °C) fertig braten.

Hähnchenauflauf mit Bauernwurst

Zutaten für 4 Personen:

4 Hähnchenschenkel
Himalaya-Salz, Pfeffer
4 Süßkartoffeln
in Scheiben geschnittener Speck
1–2 geräucherte Würste
4 große Möhren
2 große Zwiebeln
3 Knoblauchzehen
Oregano, Basilikum

1. Die Hähnchenschenkel salzen und in eine Auflaufform legen. Die gewürfelten Süßkartoffeln, …

2. … den Speck und die in Ringe geschnittene Räucherwurst dazugeben, …

3. … ebenso die klein geschnittenen Möhren, die grob geschnittenen Zwiebeln und die Knoblauchzehen.

4. Danach mit grob gehacktem Basilikum und mit Oregano würzen.

5. Mit Olivenöl begießen und mit einer Folie abdecken. Ca. 1 Stunde im Ofen braten, bis das Fleisch weich ist, danach noch 20 Minuten ohne Folie weiterbraten.

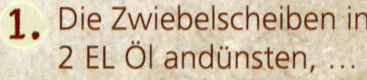

1. Die Zwiebelscheiben in
2 EL Öl andünsten, …

Gebratener Lachs mit Birne und Rotkohl

2. ... danach die getrockneten Kirschen, den Rotkohl und die in Scheiben geschnittene Birne dazugeben.

3. Den Rotwein angießen und das Ganze weich dünsten.

4. Mit Zimt abschmecken.

5. Den Fisch im restlichen Öl von beiden Seiten anbraten. Den Lachs mit dem Rotkohl und der Birne servieren. Mit Mandelsplittern und Schnittlauch dekorieren.

Zutaten für 4 Personen:

1 in Scheiben geschnittene Zwiebel
4 EL Olivenöl
50 g getrocknete Kirschen
1 in Streifen gehobelter Rotkohl
1 große Birne, entkernt und in dünne Scheiben geschnitten
15 ml trockener Rotwein
1 TL gemahlener Zimt
600 g Lachsfilet

Zum Dekorieren:
2 EL Mandelsplitter
1 Bund Schnittlauch

Omelett mit Oliven und Lachs

1. Die Zwiebel im erhitzten Kokosöl andünsten. Die Zucchini …

Zutaten für 4 Personen:

1 halbierte und in Streifen geschnittene Zwiebel
2 EL Kokosöl
300 g halbierte und in Scheiben geschnittene Zucchini
100 g grüne und schwarze Oliven
8 Eier
Himalaya-Salz
1 Bund Dill, fein gehackt
½ gehackte, rote Chilischote
Pfeffer
100 g geräucherter Lachs

Zum Dekorieren:
1 in Ringe geschnittene, rote Zwiebel
etwas Dill

2. … und die Oliven dazugeben und für kurze Zeit weiter garen.

3. Die Eier verquirlen, salzen, den Dill dazugeben und zur Zwiebel-Zucchini-Mischung geben.

4. Mit Chili und …

5. … Pfeffer abschmecken. Das Omelett stocken lassen.

Zum Servieren …

… den Lachs auf das Omelett legen, mit den Zwiebelringen und dem Dill dekorieren.

Gemüse „Provence" mit Wurst

Zutaten für 4 Personen:

1 große Zwiebel
etwas Kokosöl
1 geräucherte Wurst
je 1 rote, gelbe und grüne Paprika
1 Zucchini
2 Möhren
1 kleiner Staudensellerie
Pfeffer
Himalaya-Salz
Rosmarin
Basilikum

1. Die klein gehackte Zwiebel im Öl anbraten und die in Scheiben geschnittene Wurst dazugeben.

2. Das klein geschnittene Gemüse dazugeben.

3. Mit Pfeffer, …

4. … Salz, …

5. Rosmarin und Basilikum würzen. Dünsten, bis das Gemüse noch knackig ist.

Gemüserösti

Zutaten für 4 Personen:

150 g Knollensellerie
150 g Möhren
50 g Leinsamenmehl
1–2 Eier
100 g Mandelblätter
½ TL Zimt
1 Bund Petersilie, fein
    gehackt
3 EL Olivenöl
Himalaya-Salz
Pfeffer

1. Das Gemüse schälen und raspeln. Den Sellerie und die Möhren …

2. … mit dem Leinsamenmehl, den Eiern, …

3. … den Mandelblättern, …

4. … dem Zimt und …

5. … der fein gehackten Petersilie …

6. … gründlich vermischen und mit Salz und Pfeffer abschmecken.

7. Aus der Masse flache Frikadellen formen und in wenig Öl braten.

Tipp

Zu den Röstis passen sehr gut gebratene Lammkoteletts.

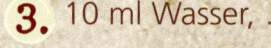

1. Die Cashewnüsse über Nacht in 10 ml Wasser einweichen. Am nächsten Tag absieben und in eine Schüssel geben.

2. Mit Salz, Pfeffer und Zitronensaft würzen.

3. 10 ml Wasser, …

Hühnerauflauf
mit Spargel

← ← ← ← ← ←

4. ... die Eiweißstangen und das Ei ...

5. ... mit einem Stabmixer zu einer cremigen Masse verarbeiten.

6. Die in Würfel geschnittenen Hühnerbrustfilets mit Salz und Pfeffer würzen.

7. Die geputzten und klein geschnittenen Spargel dazugeben und ...

8. ... mit der Hälfte der Cashewnuss-Creme verrühren.

9. Eine Auflaufform mit Kokosöl einfetten und das Fleisch mit den Spargeln hineingeben.

10. Den Rest der Cashewnuss-Creme darauf verteilen und bei 180 °C (Umluft 160 °C) für 40–45 Minuten backen.

Zutaten für
4 Personen:

100 g Cashewnüsse
Himalaya-Salz
Pfeffer
2–3 EL Zitronensaft
150 g gekochte Eiweiß-
  stange (ersatzweise
  1 hart gekochtes Ei)
1 Ei
500 g Hühnerbrustfilet
500 g Spargel
Kokosöl

Gebratene Hühnerleber mit Seitlingen

Zutaten für 4 Personen:

1 halbierte und in Streifen
   geschnittene Zwiebel
2 EL Kokosöl
500 g in kleine Stücke geschnittene Hühnerleber
200 g in Stücke geschnittene
   Seitlinge
1 TL Majoran
1 in Ringe geschnittener
   Staudensellerie
½ grob geschnittene
   Chilischote
Himalaya-Salz
2 EL Sesamsamen

1. Die geschnittene Zwiebel im erhitzten Kokosöl anbraten, dann die Leberstücke dazugeben und weiter braten.

2. Die Pilze dazugeben und mit Majoran würzen.

3. Den Sellerie dazugeben und unter langsamem Rühren garen lassen.

4. Die Chilistücke darüberstreuen und salzen.

5. Mit Sesamsamen bestreuen und heiß servieren.

Gemüse-frikadellen

1 Süßkartoffel
1–2 Zucchini
1 Ei
2 geschälte Knoblauch-
   zehen
Pfeffer
Himalaya-Salz
Leinsamenmehl, Sesam-
   samenmehl oder
   anderes Samenmehl

1. Die Süßkartoffel schälen.

2. Die Zucchini schälen und hobeln.

3. Die Süßkartoffel eben- falls hobeln und …

4. … mit dem Ei, der gepressten Knoblauch- zehe, …

5. … dem Pfeffer und …

6. … dem Salz …

7. … gut vermischen.

8. Aus der Masse Frikadellen formen und diese in ein wenig Samenmehl wälzen. Auf Backpapier bei 180 °C (Umluft 160 °C) backen.

Minestrone aus buntem Gemüse

Zutaten für 4 Personen:

1 in Ringe geschnittene
  Frühlingszwiebel
4 klein gehackte Knob-
  lauchzehen
2 EL Olivenöl
1 in Stücke geschnittener
  Staudensellerie
2 in kleine Würfel geschnittene Möhren
100 g grob geschnittener
  Wirsing
2 grob geschnittene, große
  Champignons
800 g in Würfel geschnittene Tomaten
1,2 l Gemüsebrühe
  (Rezept S. 7)
Himalaya-Salz
Pfeffer
Basilikum

1. Die Frühlingszwiebel-
ringe und die Knoblauch-
zehen in heißem Öl an-
dünsten.

2. Die Sellerie- und die
Möhrenstücke, ...

3. ... den geschnittenen
Wirsing, ...

4. ... die Pilze, ...

5. ... und die Tomaten-
würfel dazugeben.

6. Mit der Gemüsebrühe
aufgießen. Salzen, pfef-
fern und auf kleiner
Flamme bissfest kochen.

Zum Servieren ...

... mit frischen Basilikumblättern bestreuen.

Süß-
speisen

Verführerische Desserts
ohne Zucker und Laktose

Wenn Sie manchmal der Hunger auf
Süßes überfällt – kein Problem! Wie
wär's mit gefüllten Äpfeln, nussigen
Dattelpralinen oder saftigem Mohn-
kuchen? Lassen Sie sich von den
zuckerfreien Leckereien verführen!

Pfannkuchen mit Paleo-Quark

Paleo-Quark:

Den Paleo-Quark können Sie auch selbst herstellen. Das Rezept dazu finden Sie auf Seite 7.

1. Das Kastanienmehl mit dem Kokosmehl, der Tapiokastärke, den Eiern, dem Kokosfett und ca. 20 ml Wasser …

2. … mit einem Handmixer cremig rühren. Aus der Masse dünne Pfannkuchen braten.

3. Für den Schokoladensirup den Honig auf mittlerer Stufe erhitzen und langsam in das Kakaopulver rühren.

4. Für die Quarkcreme den Paleo-Quark mit dem Eigelb, der Kokoscreme, dem Erythrit, dem Zitronensaft und …

5. ... den Rosinen gut verrühren. Die Pfannku-
chen damit füllen und
mit Sirup beträufeln.

Fruchteis am Stiel

Zutaten:

saisonale Früchte, wie z. B. grüne und blaue Trauben, Kiwis und Erdbeeren
Traubensaft, möglichst frisch gepresst, oder Traubenmost, ohne Zucker

1. Die Trauben durch ein Sieb drücken und den Saft auffangen.

2. Die verschiedenen Früchte putzen und aufschneiden. Die Kiwis, …

3. … die Trauben und …

4. … die Erbeeren in die Formen füllen.

5. Den ungezuckerten Traubensaft zugießen.

6. Den Stiel hineinstecken und im Eisschrank gefrieren lassen.

Schokoladenkuchen
mit Paleo-Quark

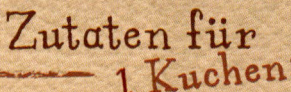

Zutaten für
1 Kuchen:

200 g Mandelmehl
200 g Pfeilwurzelmehl
200 g Kakaopulver ohne Zucker
60 g Erythrit
6 Eier
1 EL Zitronensaft
1 TL Speisesoda
ausgekratztes Mark einer
   Vanilleschote

Für den Quark:
300 g Paleo-Quark (Rezept S. 7)
15 ml Kokoscreme
ausgekratztes Mark einer
   Vanilleschote
abgeriebene Schale einer
   unbehandelten Zitrone
1 EL Zitronensaft
50 g Erythrit

1. Das Mandel- mit dem Pfeilwurzelmehl, dem Kakaopulver, dem Erythrit …

2. … und den Eiern …

3. … mit einem elektrischen Handmixer gut verarbeiten.

4. Mit Zitronensaft abschmecken und eine Messerspitze Speisesoda dazugeben.

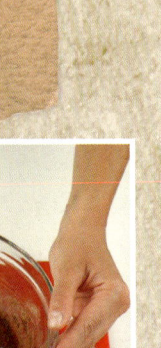

5. Wenn nötig, mit etwas Wasser aufgießen, damit ein flüssiger Teig entsteht. Das Mark der Vanilleschote hinzugeben.

6. Für die Füllung den Paleo-Quark etwas zerdrücken und mit …

7. … der Kokoscreme verrühren. Mit dem Mark der Vanilleschote, der abgeriebenen Zitronenschale, …

8. ... dem Zitronensaft und dem Erythrit würzen. Mit einem elektrischen Handmixer cremig rühren.

9. Den Teig in eine runde Kuchenform schütten, ...

10. ... die Quarkfüllung darauf verteilen und im auf 180 °C (Umluft 160 °C) vorgeheizten Backofen 30–35 Minuten backen.

Äpfel mit Nuss-Honig-Füllung

Zutaten für 4 Personen:

4 Äpfel
gemahlene Nüsse
Honig

1. Mit einem Apfelausstecher den Strunk entfernen.

2. Die gemahlenen Nüsse mit ein wenig Honig …

3. … vermischen.

4. Die Nuss-Honig-Mischung in die Äpfel füllen.

5. Die gefüllten Äpfel in eine feuerfeste Form legen und bei 180 °C (Umluft 160 °C) ca. 30 Minuten backen.

Apfelkugeln
mit Pistazien

Zutaten für 4 Personen:

2 Äpfel
2 EL Honig
50 g Kokosblütenzucker
1 TL gemahlener Zimt
Saft einer halben Zitrone
150 g gemahlene Mandeln
3 EL geschroteter Leinsamen
100 g ungesalzene Pistazien

1. Die grob geriebenen Äpfel mit dem Honig, dem Kokosblütenzucker, …

2. … dem Zimt, dem Zitronensaft, …

3. … den gemahlenen Mandeln und den geschroteten Leinsamen vermischen und …

4. …gründlich verarbeiten.

5. Aus der Masse kleine Kügelchen formen. Mit einer Pistazie verzieren und bis zum Servieren etwas trocknen lassen.

Pralinen aus Datteln und Pflaumen

1. Die Datteln pürieren und mit den getrockneten Pflaumen in eine Schüssel geben.

2. Die gemahlenen Nüsse und Mandeln dazugeben, danach das Kokosfett …

3. … und das Kakaopulver.

4. Die Masse gut vermischen und …

5. … kleine Kugeln daraus formen.

6. In Kokosraspeln wälzen und auf Pralinenförmchen legen. Bis zum Servieren kühl aufbewahren.

Zutaten für ca. 25 Stück:

150 g entkernte Datteln (ohne Zucker)
150 g getrocknete Pflaumen (ohne Zucker)
80 g gemahlene Walnüsse
100 g gemahlene Mandeln
50 g Kokosfett
5 TL Kakaopulver (ohne Zucker)
Kokosraspel

Mohn-
kuchen

Zutaten für
4 Personen:

300 g Kastanien- und Mandel-
    mehl gemischt
3 Eigelb
3 EL Erythrit
2 EL Kokosfett
eine Prise Himalaya-Salz

Für die Füllung:
200 g gemahlener Mohn
10 ml Kokosmilch
3 Eigelb
3 EL Erythrit
abgeriebene Schale
    einer unbehandelten
    Zitrone
3 Eiweiß

1. Das Kastanien- und Mandelmehl in eine Schüssel geben.

2. Die Eigelbe, …

3. … das Erythrit und …

4. … das Kokosfett dazugeben.

5. Mit einer Prise Salz verfeinern und glatt rühren.

6. Für die Füllung den gemahlenen Mohn und die Kokosmilch …

7. … mit den Eigelben, dem Erythrit und der Zitronenschale gut verarbeiten.

8. Die Eiweiße steif schlagen und behutsam zur Mohnmischung geben.

9. Die Hälfte des Teiges in der Backform verteilen und die Mohnmischung gleichmäßig darauf streichen.

10. Den Rest des Teiges zu Streifen drehen und als Gitter auf die Mohnmischung legen. Im Ofen bei 180°C (Umluft 160°C) ca. 25 Minuten backen.

Register

Erstveröffentlichung unter dem Titel:
„Paleo-Konyha"
© Pannon-Literatúra Kft., 2014

Genehmigte Lizenzausgabe
EDITION XXL GmbH
Industriestraße 19
64407 Fränkisch-Crumbach 2015
www.edition-xxl.de

Fotografie: Árpád Patyi
Foodstylist: Péter Korpádi
Layout, Satz und Umschlaggestaltung:
design cat GmbH

ISBN (13) 978-3-89736-194-2
ISBN (10)   3-89736-194-9

Bildnachweis
© Thinkstock
Shutterstock: Ann Muse Cover Front, Cover Back, 1–15, 17–19, 21–31, 35–37, 39,
42, 44–49, 51, 54, 57, 60–65, 69, 70–71, 73–76, 78–80; Crystal Eye Studio 10–17,
21–22, 24–28, 30–35, 38–46, 48–50, 52–60, 62–63, 65, 68–69, 71–75, 77–79;
inspocity 2–3, 17, 21, 30, 33, 39, 43, 47, 54, 57, 65, 68, 72, 74, 78, 80; koss13 7;
Leigh Prather 2, 4–5, 7, 18–19, 24, 32–33, 36, 42, 66, 72, 78, 80; MaraZe Cover
Front, Cover Back; Marina Shanti Cover Front; petite lili 4, 12, 14, 17, 21, 25, 27,
33–34, 39, 40, 45–46, 48, 50, 53, 56, 59, 60, 65, 68, 71, 74, 80; stockcreations 4;
Svetlana Foote 7; Syda Productions 5; UVAconcept Cover Front, 1, 9, 19, 37, 67;
Veida 2–4, 7, 10–11, 14, 16, 20–22, 27–28, 30–34, 39–46, 48, 52–53, 55–56, 58–59,
64, 68, 70–72, 75, 78, 80; worradirek 6